톺다, 열두 행간

시조사랑시인선 75

연송 김은자
제4시조집

톺다, 열두 행간

열린출판

■시인의 말

문학이란 쉽게 잘 쓴 글이라고 어느 교수님께서 강조하시면서 시조 창작의 기본은 시조라는 정체 예술의 가치를 살려 엄격한 시조의 정체성, 즉 정형의 틀을 충실히 지켜야 품격 있는 명시조가 된다고 하셨다.

시조 짓기란 생활 속에서 경험한 희로애락의 숱한 일들을 속 뜰에 음각해 놓았다가 그 기억들에 호흡을 불어넣어 하나씩 세상으로 꺼내 말린 후 작가의 몸짓으로 표현하는 기호로서 한 컷 한 컷 그림으로 그려내는 소중한 작업이며 이 과정을 통해 자아를 발견할 때만이 아름다운 심혼의 음악이 된다는 것을 확신한다.

해를 거듭할수록 작품 짓기가 더 두려워짐을 고백하면서 55여 년 피아노 레슨을 하면서 많은 명연주자를 키워내던 중 2020년 코로나로 은퇴 후 네 번째 시조집 『틇다, 열두 행간』을 발표하면서 여기 미흡한 작품을 통해 독자들이 행여 힘든 역경 속이라 해도 다소 위안을 받아 희망과 용기를 얻고 새로운 삶에 도전할 수 있기를 소망한다.

늘 바쁘신 중에도 부족한 작품에 평설을 써주신 구충회 문학 박사님께 큰 절로 깊이 감사드리며 또 한 곁만 바라보며 함께 문학의 길을 걸어가는 문우님들과 묵묵히 격려로 힘 주시는 반쪽 차영호 자문위원, 그리고 늘 든든한 삼 남매에게도 고맙고 행복하다고 마음을 전한다.

매번 정성껏 출판해 주시는 열린출판 김태균 시인님! 고맙고 감사합니다.

2026년 1월

■ 차례

제2부

제3부

제4부

제5부

제1부 살아갈 이유

살아갈 이유

풀칠할 일당 몇 푼 움켜쥔 귀갓길에
하늘 향해 맘껏 솟은 나뭇가지 그 사이로
나른히 비낀 석양이 처진 어깨 토닥인다

건널목 맞은편서 까치발로 기다리다
달려온 피붙이가 "엄마"하고 안겨들면
한순간 녹아내린다, 맞벌이의 모든 시름

이상과 현실 사인 모순 속 늪이라도
앞날을 인도해 줄 하늘은 네 편이다
아가야, 꿈을 향해서 날개 활짝 펼치렴

해넘이를 바라보며

불덩이 이글대다 수평 끝에 떨어진다
못 다 사른 빛의 여운 윤슬 되어 반짝이며
반길 날
올 것이란다,
보석으로 품은 임

수없는 헛발질도 오뚝인 양 맞서가며
혈기로 세운 뜻을 거뜬히 이룬 뒤에
팡파르
울려가면서
피앙세를 맞으리

사계四季

소옴소옴 땅김 올라 잔설 다 녹을 즈음
움츠렸던 가지마다 물 내음 상큼한데
새순은 옹알이하며 세상 구경 서둔다

땡볕 사정없고 천둥은 호통쳐도
저어새 냇가에서 조각처럼 꼼짝 않네
외다리 꼿꼿이 세운 채 아픈 세월 더듬으며

갈바람이 휩쓸고 간 추수 끝 휑한 둘레
낙엽을 밟는 소리 추억 한 컷 불러올 때
고샅길 달빛 벗하며 누樓에 올라 시선된다

숱한 시련 맞서가며 허공을 떠받친 채
의연한 나목들은 새봄 맞을 부푼 꿈에
귀 열어 들어보란다, 얼음장 밑 물소리를

칠순이라니요

-반쪽에게

세월이 유수라고 그 누가 말했나요
휘돌아온 시간들이 한판 춤만 같은 것을
이렇게 깊은숨 쉬며 쓸어보는 야윈 가슴

그 숱한 희로애락 애면글면 잘도 건너
두 주먹 불끈 쥐고 오늘을 일구신 임
가문 내內 의지의 표상 성취인이 되셨네요,

이젠 다 내리시죠 무얼 더 바라리까
날마다 효 받으며 흐뭇한 삶 누리시다
고종명 다 하는 그날 주님 품에 드세요

땡볕, 그 후

열대야 하얀 밤에

열창하던 매미 울음

가을빛 여물 즈음

슬그머니 잦아들면

올해는 풍년이란다,

넘실대는 벼 이삭

팬데믹을 견딘 후

-민초의 그늘

피멍 든 가슴앓이 양각된 벽화 같다
긴긴 입막음은 아직 눈에 선연한데

묻지 마
사회 불만이
들불처럼 번진다

바라던 단비 대신 세금폭탄 옥죄인다
용광로 담금질을 죽자 살자 맞서가며

민초는
너섬*을 녹이려
봄날 오길 벼른다

*여의도(국회)

벼 이삭은

값없이 내주시는 하늘의 은총으로
탱글탱글 여문 뒤에 풍악 소리 듣고 싶어

긴 장마
된더위까지도
의연하게 맞선다

농부의 땀방울이 승화한 말간 사리
빛 볼 날 고대하며 고개 숙인 겸손 앞에

산허리
걸린 구름도
시름 푼 듯 덩실댄다

의문부호

하늘 가득 뿌려놓은

총총한 별 밭에다

깎아낸 새끼손톱

초승달로 심어두면

언젠가

보름달 되어

품은 소원 이뤄줄까

불면증

하늘에 뭔 일 있나,

그칠 줄 모르는 비

칠흑을 밀어내며

새날의 해 불끈 솟길

별 하나

몸져누운 채

하얀 밤을 뒤척인다

후회

천사 같은 항아 아씨 일상이 무료한 차
월궁을 빠져나와 달빛 타고 와본 세상

인간사
모순과 갈등
요지경 속 혼탁하네

쫄깃한 정 도란도란 정답던 둥지 생각
삐끗한 이 선택을 자책으로 지새우며

오로지
돌아갈 이정표
샛별 뜨길 빈다네

* 달에 있는 궁전에 산다는 전설 속의 선녀.

동백섬 소묘

눈꽃이 포슬포슬
허공을 맴돌아와

애기동백 붉은 뺨에
소담히 내려앉네,

하늘 벌 은밀한 이야기
누설하듯 소곤대며

이 빠진 보시기

볼품없다 외면한들 제구실 못다 할까
깨져서 쓸모없다 내쳐짐은 서러워도

찰랑히
달빛 고이면
초가삼간 품겠네

앞니 하나 빠졌다고 창밖으로 내던져져
빗물로 배 채우며 허기를 달래지만

봄씨앗
품에 안고서
한 우주를 열리라

대역代役

모순 속 허탈감에

어질병이 또 도진 날

으악새 머리 풀어

내 몫까지 울어주며

오늘도 추풍에 맞서

너섬에다 진을 친다

어슬녘 숲에 들면

세상일 잠시 접고

죽 향에 이끌린 채

골물소리 벗 삼으며

타박타박 걸어갈 때

유난히

깜빡이는 별

손짓하는 어머니

못 잊어

아침 안개 머뭇대는 자그마한 창가에서
한 갈피 꽃 시절을 눈감아 펼쳐 들면

가슴은
일출을 보듯
환영하나 마주한다

목 늘인 그리움이 서러움 된다 한들
한 가닥 연기처럼 상像마저 사라진들

망부석
설화가 되어
오는 길목 지키리

팔순에

숙명처럼 흐르는 강 멈출 수 없음 같이
세월은 돌고 돌아 둥지 틀고 오십오 년
살아 낸 발자국들이
주마등처럼 스친다

꽃띠에 연을 맺어 허리끈 졸라가며
시 媤 가문에 몸을 묶어 일가를 일군 오늘
팔순에 펼쳐진 여로
무지개 핀 꽃길이다

그리다

이 가을 대추 볼이
아직 덜 익었는데

푹 삭은 추억 하나
들춰내는 동산의 달

지금은
뉘 처마 아래서
풍경소릴 듣는가

어느 음성

비 내리는 이슥한 밤
별빛까지 삼킨 채로

우산 속
귓가에다
누군가 소곤댄다

지은 업
"속죄받아라"
속히 선행 베풀어서

추억 한 잎

유년의 풍광들을

파랑으로 그리면서

강바람은 왜 물결을

내게로만 밀고 올까

고향 집 굴뚝 냇내를

갈피갈피 싣고서

향수

수평 끝 아스라이
물안개 짙어 오면

옛 동산 뛰어놀던
편린들을 되작이다

한 마리
목어가 된다,
먼바다를 그리는

제2부 역병, 그 후

역병, 그 후

눈빛을 나누면서 살아온 이웃들이
정체 모를 역병 속에 한순간 빨려들어

설정한
삶의 이정표
무용지물 될 뻔했다

코로나 긴긴 삼 년 시혼을 일깨워서
긴 겨울 극복하고 꽃피운 인동처럼

명시조
한 수를 낳아
이름 석 자 남기고파

물오름 달

파릇파릇 잎눈 틔워

발그레한 꽃등 달면

삼 동이 할퀸 상처

말끔하게 아물려나

푸나무

물 잣는 소리

온 산야가 들썩인다

6월에 진 꽃

포연이 안개처럼 온 산하를 뒤덮는데
그날 너의 눈빛으로 잿빛 하늘 울먹인다

할미꽃
너를 만난 듯
철모 곁을 지킨다

네가 쏟은 핏빛으로 흐드러진 저 산딸기
철조망 넘나들다 날개 찢긴 흰나비가

절규 속
피다 만 넋으로
전우 찾아 헤맨다

또 헛꿈일까

너섬에
날아드는 철새님들 들으시오

어둠 속
떠는 민초 혜성 뜰 날 염원해도

후보들 뻔한 공염불
겉 포장만 화려하다

얼굴색 변함없이 속마음 감춰놓고
건망증 재발했나, 입에 침도 안 마른 채
그 약속 언제 했던가, 나 몰라라 모르쇠다

괘종시계

알뜰히 새겨놓은 시공 저편 기억들이
하나둘 희미하게 지워지는 저물녘에

눈 떠야
사는 목숨이라
쪽잠에도 들 수 없다

쩌렁쩌렁 울어대며 젊은 날을 살던 기백
불꽃이 스러지듯 이젠 다 낡아진 채

죽어도
눈은 못 감네
쩔룩쩔룩 제길 갈 뿐

캠퍼스 잔디에서

한껏 부푼 학창 시절 재깔대며 모여 앉아
황금종 울려보자 깍지 걸고 다짐했다

눈 씨로
당긴 살촉은
꿈의 정곡 찌르려나

푯대 끝 목표 향해 녹록잖은 현실 뚫고
샛별을 등대 삼아 노櫓 저어 이룬 꽃밭

황혼이
짙은 언덕에
종소리가 꽂힌다

무릎을 꿇고

-2020. 4. 1. 사이버 피싱을 당하고

칠흑을 둘러치고

부슬비가 내리는 밤

날 새면 희망의 해

솟구치길 기도하며

밤 내내

뒤척거린다,

잠 못 드는 별이 하나

나목은

-2020-2023 팬데믹 속에서

끝 모를 괴질 속에 무력한 하루하루
갈渴한 영육까지 알뜰히 앗겼지만

귀 열어
들어보란다,
봄물 잣는 소리를

움츠린 골골마다 꽃 등불을 밝히고파
겨우내 심지 곧게 설한풍도 맞서가며

황량한
벌판 지킨다,
새순 품고 떨면서

미수를 축하드리며

-남편의 88세 생일에

세월이 유수란 말 실감이 나는군요
굿판을 치러내듯 떠밀려 살아온 날
숨 돌려 갈한 가슴을
다독이며 웃습니다

하늘 별 그 어디에 꿈 한 톨 걸어두고
헛발질도 끄떡 않고 결기로 맞서가며
오늘을 일구셨네요,
자랑스런 낭군님

바랑 속 버거운 짐 이젠 모두 내리시고
호흡을 가다듬고 풍광이나 즐기면서
느긋이 남은 세월은
꽃길로만 가시지요

처서 즈음

-전염병을 견디며

코로나에 경제위기

시름 깊은 팔월의 끝

가을의 문턱에다

한발을 들여놓네,

이따금

별빛 풀리고

귀뚜리는 구성지고

궁금증

저 하늘 별천지에

무슨 일이 생겼나 봐

별똥별 한 무리가

쏟아지는 그 소리에

선잠 깬 아기 샛별이

놀란 김에 더 빛나네

멀리엔 살점 하나

초록 옷 훌훌 벗은 가을 숲에 들어서면
어디선가 들리는 듯 귀에 익은 웃음소리
눈 맞춰
옹알이하던
네 생각에 울컥한다

제 깃 떠나 이역에서 의술의 꽃 피우고자
작별의 뒷모습을 보여주기 싫다면서
마주해
뒷걸음질로
가물가물 멀어진 너

온갖 역경 딛고 올라 하얀 가운 날리면서
골찬 꿈 경영하는 그 하늘도 푸르겠지
다 떠난
둥지 지키며
지등 하나 밝힌다

설레다

오동잎 동동 떴네

가을 뜨락 석련지에

달빛이 보드라워

긴 연서를 쓰고픈 밤

어디서

소쩍새 울어

야윈 가슴 흔드네

노스탤지어

잠 못 드는 이 하얀 밤 은하 물 쏟아진다
반딧불 따라잡던 북녘 동산 아린 추억
눈앞에
아른거린다,
손 내밀면 잡힐 듯이

선로에 귀를 대면 기적소리 들리는 듯
고향 역 깊이 잠든 녹슨 철마 깨우고파
희끗한
갈대꽃 되어
망향가를 부른다

아버님의 낡은 의자

곰방대 툭툭 치며
헛기침만 하셨는데

긴긴날 기다려도
이제는 뵐 리 없네

의자 곁
실루엣 하나
달빛 아래 서성인다

호수에 어린 풍광

날빛이 어둠 쪽에

점점 더 다가가면

물결은 요람인 양

뜬 달을 토닥인다

윤슬에

얼비친 세상

고요하고 참 깊다

백목련

달뜬 가슴 풀어헤쳐
달빛에 들어낸 채

곱상한 저 여인은
요정처럼 한들대며

하얀 밤
어쩌지 못해
내 창가를 기웃댄다

러시아워

자동차 점멸 등이

꼬리를 이어 물고

줄줄이 빛을 꿰어

출근길을 밝힐 즈음

매달린

눈꺼풀의 잠을

손등으로 밀어낸다

자목련

볼 붉은 산골 처녀

가슴 뛰는 어느 봄날

보슬비가 유혹하듯

바람기를 흩뿌리면

화들짝

꽃망울들이

폭죽 튀듯 터진다

사이버 피싱

만우절에 값진 체험 거금 치러 얻은 스팩
피붙이를 빙자키에 한순간에 빠진 수렁

모정을
농락당했네,
하얘지는 머릿속

"제가 몽땅 썼다 쳐요, 몸 상하면 더 큰일 나"
딸내미 위로의 말 감당 못 할 이 수치심

꼿꼿한
자존감마저
여지없이 무너진다

제3부 녹슨 기다림

녹슨 기다림

이제나 저제나 기별 없는 이 아쉬움
산수유 꽃만 봐도 시울 어이 촉촉한지
잎 다 틘 사랑의 결실 어느결에 탱글하다

장대 끝 반짝이는 반딧불이 잡으려고
뒷동산 달빛 안고 천방지축 뛰던 우리
사진첩 뒤적이다가 웃고 있는 너를 본다

어사 모 帽 얹고 나면 꼭 오마 다짐 터니
뉘 지붕 둥근 식탁 가장되어 지키는지
황혼을 끌어안은 채 또 한밤을 새운다

여명黎明

색색* 물이 올라 젖빛 뚝뚝 흘리면서
앞 뜨락 하얀 목련 달빛에 안겨있네

이 봄을
어쩔 수 없어
꽃잎 방싯 열고서

그리움 봇물 터져 밤 내내 흥건해도
어머니 기도 소리 모든 시름 밀어낼 때

빛 한 올
창틈 비집고
파르라니 눈을 뜬다

*물이 오르는 소리(의성어)

일출

무슨 일 있는가 봐
검푸른 심해 속에

천지가 뒤집힐 듯
거친 풍랑 몰아치다

한 찰나
치솟아 오른다,
핏물 같은 저 불덩이

어쩌다가

-잃어버린 악력기

살갑게 손안에서 악력을 키워주며
산책길 동반자로 애지중지 아꼈는데
한 찰나 허전한 감촉 어딜 갔나, 내 분신

풍광에 흠뻑 젖어 가을빛을 담으려다
잡은 손 그만 놓쳐 미아로 만들다니
뒤태가 멀어지도록 목을 놓아 불렀으리

널 찾다 절념한다, 부릅뜬 눈 충혈 된 채
거둔 손 낯설어도 새 둥지로 반겨 맞아
눈이 먼 첫사랑이듯 듬뿍 정을 붙이렴

이 계절, 음미하다

카모마일 향에 취해
꽃차 한잔 마주할 때

단풍 든 잎새마다
신의 숨결 느껴진다,

이 가을
더 깊어지면
내 삶 곱게 익을까

격려 한마디

일상을
잠시 잊고
오솔길을 걸어갈 때

어깨를
툭 치면서
누군가 속삭인다

"힘을 내,
봄은 다시 와"
너였구나, 낙엽 한 잎

함께하소서

아기 같은 내 반쪽을

수술대에 눕혀놓고

초침 소리 바작바작

애가 졸고 피가 탄다,

이토록

절박할 수가

부르짖어 손 모을 뿐

충고

황혼을 깔고 앉아
발자취 곱씹을 때

무상을 덧칠하는
실개천 물소리가

그윽이 낮은 톤으로 가식의 탈 벗으란다

젊은 날 그 소원은
왜 아직 아득할까

품은 뜻 명중하길
기도하며 당긴 화살

하늘은 욕망 다 비우고 쌓은 업 씻으란다

담쟁이

푸른 꿈 펼쳐가며

한 뼘 두 뼘 기어올라

아침 강 윤슬처럼

무성한 잎 반짝이면

마침내 붉은 정령이

덩굴마다 깃들겠다

여망

광란의 폭풍우가 산천초목 뒤엎어도
결단코 안 꺾이는 한그루 나무 되어

온갖 새
깃을 접고 쉴
안식처가 되고 싶다

칠흑 같은 하루하루 헤어날 길 막막할 때
뭇 생명 인도해 줄 한 올의 빛이 되길

한사코
이루고 싶은
남은 생의 바람願이다

병상의 꿈속

온 둘레 칠흑 같아 헤어날 길 막막한데
피폐해진 육신이라 호흡마저 꺼져간다,

의식도
몽롱해져서
혼수 깊이 빠져들고

피안인가 섬뜩하다, 섬광이 번득여서
하늘 찢는 천둥소리 "쌓은 업을 돌아보라"

얼결에
걷어찬 이불
달빛 화살 부시다

착각

둘레길 돌아 나와 벤치에서 잠깐 쉴 때
부럽다, 한 모녀의 행복한 웃음소리

불현듯
불러 보고파
가슴 찡한 그 이름

혹시나 받으실까 습관처럼 누른 번호
"아닙니다" 쩌렁쩌렁 들려오는 볼멘소리

하얗게
지운 번호가
못 떠나고 서성이네

미련, 웃자라다

꽃반지 그 언약도

돌아서던 뒷모습도

갓 맑은 기억들로

속 뜰 고이 개켜둔 채

끝내는 지울 수 없네,

귀밑머리 희끗해도

선운사에서

고요한 겨울 산사 시간마저 멈춰 서면
홀연히 법고 소리 골짜기에 울려온다,

조화 속
채운 한 조각
윤회하듯 떠돌고

손 붉은 저 동자승 들먹이는 좁은 어깨
목어도 따라 울며 고향 바다 그리는데

번뇌를
털어내란다,
산마루 노을처럼

멍에

봇줄 매인 늙은 황소

거친 땅 쟁기질에

어진 눈 그렁그렁

쏟아질 듯 고인 눈물

가쁜 숨 거품을 문 채

죽기까지 순종한다

풍년 예감

아지랑이 떠난 오후
나른한 햇살 아래

풍작 꿈에 들뜬 농부
못자리 일굴 때면

맨발에
감기는 촉감
묻어난다, 풍년가

빈삭한 방문

끔찍한 독을 품고 때도 없이 들이닥쳐
위장을 뒤집으며 쑤셔대는 불청객*이

펼쳐질
팬터마임을
즐겨보다 가겠단다

칼끝으로 긁어댈 땐 숨이 꼴깍 넘어갈 듯
비명조차 겹다 못해 진땀으로 샤워한 뒤

차 한 잔
대접했더니
껄껄 웃고 돌아선다

*위경련

삶, 그 궤적

야상곡 한줄기가 심혼을 깨워줄 때
온종일 떠돌아도 맞울림 못한 채로
메아리
귀띔을 한다
"지난날을 돌아보라"

정지란 움직임의 또 다른 얼굴이다
존재의 덧없음도 불가항력 죽음까지
삶 내내
풀기 어렵다,
물음표란 암호 하나

가뭇한 시공 저편 못다 채운 행간에서
날 닮은 실루엣이 외로움을 키워갈 때
별똥별
숨을 거두며
최후의 빛 흩는다

석별

먼 이별 예감하듯 훌쩍이는 어깨너머
어두운 풍광까지 주춤대며 펼쳐질 때

긴 꼬리
마지막 칸에서
"돌아올게" 소리친다

살가운 추억들은 켜켜이 쌓였는데
눈치 없는 기적소리 야멸차게 멀어진다,

세월에
등이 휘어도
"기다릴게"변치 않고

물길을 걷다

풀꽃이 반겨 주는

성내천 산책로에

달맞이꽃 혼자 남아

해 저물길 기다리며

물소리 흥겨운 가락에

노란 웃음 피운다

제4부 엇갈린 인연

엇갈린 인연

추억 한쪽 베어 문 채

평행선을 내달려와

꽃 진자리 여백에다

연서 한 잎 피워 놓고

고향 집 툇마루 끝에

노을 되어 앉는다

초파일

꽃 연등 총총하다,

별 무리가 내려온 듯

불자들 탑을 돌며

업장 소멸 기원하고

노스님 낭랑한 염불을

산 노을이 따라 읊네

내려놓다

-무용가의 꿈

석양 내린 산사에서 꽃차 향에 젖어들 때
잔 가득 찰랑대는 골물소리 풍경소리
옛 생각 풍선이 되어 허공 높이 떠오른다

하이힐의 굽 높이가 인격의 잣대인 양
우쭐대며 폼만 잡다 삐끗하고 샛길로 와
무대 위 장구춤 추는 환영 속 나를 본다

다 접은 줄 알았는데 채 못 떠난 미련이라
한소끔 열병 앓듯 끓어대는 이 자책감
꿈이란 깊이 묻어도 새싹처럼 또 돋는 거

늙은 소나무

솔향이 풋풋하던 젊은 날도 있었다오
뒤틀리고 휘어지고 핏줄까지 말라가도

철철이
굳은 지절은
조선 선비 닮았다오

뭇 새들 죽지 접는 둥지도 되어주고
나그네 쉬어가는 쉼터로도 일품이라

가끔은
화폭에 담겨
귀한 대접 받는다오

그리다 그리다가

꽃반지 엮어가며 신랑각시 기약했지
뼛속 깊이 묻어둔 채 지울 수 없는 이름

하현달
이울어가네,
소쩍새도 목이 쉬고

고요 깊은 강물 위로 아기 물별 꿈을 엮네
봇물 터진 옛 생각에 그리움만 한껏 자라

하얗게
뒤척이는데
발그름히 동살 드네

부부란

짝이 된 천상에서 한생을 마치고도
못다 한 정이 남아 지상에다 둥지 틀고
두 손을
깍지 끼고서
한 결로만 흔들린다

눈빛에 실린 화살 마음 뚫고 들어오면
무엇을 원하는지 알고도 남음 있어
한 톨 밤
나눠가면서
애지중지 살아간다

맞잡은 손 풀 수 없어 서로 잘못 모르는 척
지쳐 잠든 모습 보면 콧등 왜 시큰한지
정성껏
꽃밭을 일궈
늘그막이 편안하다

힐링

때때로 온갖 사념

잠시라도 잊어볼까

산의 품 찾아들어

구름처럼 쉬다 보면

환영 속 또 다른 내가

슬며시 와 안긴다

겨울, 그 후

언 땅속 움츠린 채 봄을 품은 꽃씨 한 톨
따스한 햇살 받아 싹 틔울 당찬 꿈에

동장군
맞서가면서
남촌 소식 기다린다

방울새 둥지 짓고 아지랑이 가물대면
꽃샘바람 부추기는 바람할미 성화에도

뾰족이
꽃대를 올려
오색 꿈을 엮는다

자연에서 배우다

수렁 같은 고통에서 헤어날 길 막막한 날
빗줄기 속 뛰어들어 삶의 풍상 되새길 때

하늘이
호통을 친다,
벙근 풀꽃 보라며

현絃이 된 빗줄기가 합주하는 외진 길섶
갈증에 시달리던 잡초들이 생기 얻듯

갈한 삶
활력을 받아
이정표를 되세운다

가족사진

눈빛만 반짝이며

어깨 어깨 붙어 앉아

누옇게 빛바랜 채

3대가 웃고 있다

붙잡힌 찰나 한 컷에

세월 오다 멈추네

가을, 영그는데

신께서 그린 화폭 들녘 가득 펼쳐있네
수숫대 고추짱아 꽁지 춤도 그러하고

눈 가는
곳곳 모두가
눈물이요 추억이다

가을빛에 흠뻑 젖어 고개 떨군 벼 이삭들
감빛 노을 강가에서 갈대꽃을 바라보다

하얗게
서리를 인 채
무상에 든 나는 누구

창밖을 보며

조용히 가을비가

촉촉이 내리는 밤

차곡차곡 쌓은 탑이

삿된 죄업뿐이라서

서둘러

선행 한 그루

속 뜨락에 심는다

숲길 산책

선물로 열린 하루 설렘 한 줌 들고 나가
어설픈 시심으로 숲의 품에 기대볼 때

솔바람
사분거리네,
솔향으로 반기면서

소곤대는 물소리에 새소리도 따라오고
쭉쭉 뻗은 금강송이 피톤치드 쏟아내면

몸과 맘
번뇌를 털며
훨훨 날아 시선詩仙된다

어머니의 흔들의자

뜨개질 멈추시고 허리 잠깐 펴실 때에
살갑게 등 뒤에서 어깨를 주무르면

사르르
요람 속인 듯
꿈을 엮던 어머니

앞 뜨락 볕 좋은 곳 즐겨 앉던 의자 위로
꿈결엔 오시려나, 기다려도 빗소리뿐

사무쳐
퍼붓는 빗물
설움인 듯 넘친다

여름 푹 익은 뒤

폭염 폭우 갈마들며 파란 별을 들볶다가
10월의 들머리서 제풀에 잦아들면

한바탕
푸르던 숲을
갈바람이 훑고 간다

홍 단풍 청 단풍이 화려함을 다 떨구고
겸손해진 벼 이삭들 흐뭇한 춤사위에
고샅길
들레던 참새들
타작마당 모여든다

청평호에서

가을을 좋아하던 그 사람 생각이 나
스산한 갈바람에 머리카락 휘날리며

호젓한
호반을 찾아
앳된 날을 되짚는다

함께 했던 벤치에서 깊은 하늘 바라보며
안타깝던 숱한 시간 덧없음을 삭이는데

자연은
말없음표로
너른 품을 펼쳐준다

어린 날의 트라우마

철책 따라 서치라이트 구석구석 훑어댈 때
정적을 찢을 듯이 울부짖던 등에 꼬마
숨죽여
천지 만물도
빌어주던 밤이다

감시 속 생사 길엔 안내자가 구세준데
수고비만 건네받고 세 모녀는 버려졌다
강 건너
푸른 십자가
나침판이 되었다지

동살이 잡힐 무렵 첫발 디딘 자유의 땅
어금니 꽉 깨물고 삶의 탑을 쌓으신 임
어머니
월남 실화를
듣다 졸다 잠든다

사랑한다, 아들아!

팬데믹 지난한 날 하늘길도 입도 막혀
4년 만에 귀국인데 꿈꾼 듯 석별이다

둘째야,
아픈 손가락
눈에 넣고 살고 싶다

오늘 또 헤어지면 살아생전 보겠는지
여섯 번째 고국 방문 25년 흘렀구나

차득영
"세계를 빛낸 7인"
맨해튼의 의학박사

첫눈 1

은밀한 하늘 얘기

올올이 풀어내며

배꽃처럼 흩날린다

천사의 숨결인가

먼데 임

올 것만 같아

사립문에 귀를 연다

행려병자

눈비를 마다 않고 쪼그린 채 한자리에
살 부러진 우산 옆에 빈 물병 나뒹군다,
청바지
무릎 사이로
히죽대며 얼굴 묻고

못 지운 두 글자는 가장이란 멍든 이름
초롱한 눈 어린 것들 부둥키며 매달렸지
희미한
그 기억일랑
도리질 쳐 억누른다

허기진 신짝 안에 떨고 있는 동전 몇 개
눈물샘 넘쳐난다, 오가며 마주친 눈
차라리
장타령으로
훌훌 털 수 있다면

제5부 단풍

단풍

수척해진 여일이라
황혼 자락 끌어안고

모닥모닥 쌓아 올린
추억들을 되감으면

발그레
고운 물들어
봄꽃보다 아름답다

영주 부석사에서

엄마 품 그리다가 서러움에 훌쩍이네,
동자승의 꽁꽁 언 손 녹여주는 볕뉘 한 올

야속한
겨울바람은
풍경마저 울려놓고

수려한 겨울 풍광 펼쳐진 산사 둘레
지금 막 붓을 뗀 듯 촉촉한 화폭 위로

폭포수
구르는 소리
금강경에 잠긴다

부활

깎아낸 새끼손톱
초승달로 다시 떠서

만삭된 기쁨으로
샛별보다 반짝이며

사바를
환히 밝힌다
도솔천을 이루며

폭설의 아침

모닥모닥 쌓인 사연
올올이 들춰낸다

유영하듯 흩날리다
폭군인 양 쏟아붓네,

황홀한
첫눈보다도
더 설레는 이 감동

달밤

고요가 너무 깊어
잠 못 들고 뒤척일 때

왜 뜨락은 저리 밝아
외로움을 더 캐는가

못 지운
그 이름일랑
은하 강에 띄우리

회억

유년의 한 갈피가
밀물처럼 치달려와

연둣빛 그리움을
불현듯 불러내서

태곳적
골물소리로
실핏줄을 돌린다

여름, 그 뒤

하늘 깊어지고 가을 더 무르익어
대추 알 볼 붉히며 고샅길 밝히는데

갈대꽃
헤픈 웃음에
출렁이는 아픔아

조용한 가을비 속 고추짱아 낮게 날고
그 사람 떠나가던 뒷모습이 어른거려

속울음
지그시 누르며
삶의 맥박 다스린다

도솔산, 선운사

만겁의 목탁 소리
적막을 깨워주면

산문 앞 장승 한 쌍
귀만 열고 묵언 수행

장중한
범종의 울림은
무량정토 씨 뿌린다

차라리

둑 너머 세월 너머
꿈을 캐다 저물었네

그 사람 떠나던 날
노을 속의 그 모습을

어쩌다
못 지우는지
눈이라도 멀고 싶다

나목의 꿈

언 살의 마른 가지
토닥이는 빗소리에

겨울잠 떨쳐내고
서둘러 봄물 잣아

연둣빛
뽀얀 숨결을
소옴소옴 피운다

승무에 취하다

고깔 위 장삼 자락 나붓나붓 날려가며
절로 겨운 어깨춤을 혼불로 엮어낼 때
샛강에
비낀 석양이
추임새로 흥 돋운다

굿거리, 타령장단에 한 풀어 빙글 돌면
지그시 깔린 눈빛 촉촉이 젖어 들고
북소리
산마루치고
메아리로 돌아온다

파르라니 내린 달빛 내 춤사위 엿보는데
산사의 독경 소리 적막 뚫고 호통친다
"버려라
모두 비워라
빈손으로 갈 것을"

녹슨 철마*

푸르던 너의 잔해 한 채의 매미허물
세월에 헐뜯겨서 넋을 잃고 나뒹구네,

북녘엔
약산 진달래
물색없이 피고 지고

손잡고 사철 바람 고향하늘 오가는데
철없는 두루미 떼 평화로이 놀고 있네

다 삭은
목울대에선
헛바람만 울린다

*경원선으로 서울~원산을 오가던 열차
(민통선 내內 월정리역에 전시돼 있다.)

추억 한 닢

비 오면 그 빗속을 눈 내리면 눈밭 위를
젖으며 나뒹굴며 마냥 좋던 하루하루
조금씩
아주 조금씩
첫사랑이 움텄다

계절이 갈마들 듯 꽃은 피고 진다지만
세월을 못 이긴 채 서리를 이고 앉아
지는 해
영마루 넘기 전
연서 몇 자 띄운다

긴 불볕 견디어낸 아린 흔적 끝자락이
단풍이 된다 하는 그 이치를 깨달으며
석양에
말간 그리움
풀어놓고 싱긋 웃다

봄 예찬

안개 낀 창밖으로 기도처럼 오는 봄비
자욱한 적막 속에 심상은 더 맑은데

채워도
허전한 시전에
꽃씨 한 톨 눈 뜬다

수줍은 말간 얼굴 갸웃이 내어 밀고
연둣빛 옹알이가 보슬보슬 젖는 오후

이런 날
삼매三昧에 들면
월척 한 수 건지려나

요양원의 해넘이

깊어가는 실어증에 무료를 깔고 앉아
희멀건 눈망울로 잿빛 하늘 응시한다

까치는
빗속에 앉아
지켜보다 가버리고

세월의 벼랑 끝엔 갈채 속 곱던 얼굴
레테강* 앞에 서서 하루를 의탁한 채

영육은
폐선 한 채라
찬바람만 들락 인다

*그리스 신화에 나오는 사후 세계의 강

어느 일용직

대낮의 소란함이 어스름 따라가면
온종일 흘린 땀을 막장에 뿌려두고

반겨줄
식솔 생각에
날갯짓이 활기차다

인적 끊긴 간이역에 두 귀를 열어놓고
허리띠 졸라맨 채 막차를 기다릴 때

움켜쥔
지전 몇 장이
제비뽑은 복권 같다

바닷가 사찰에서

절집이 굽어보는 바닷가 모래톱에
물새들 모여 앉아 분주히 깃을 턴다,

파도는
하얗게 웃으며
설법 한 줄 토하는데

비릿한 처마 끝에 고적孤寂하게 매달려서
바람이 울 때마다 풍경도 따라 울며

꿈결에
헤엄을 친다,
고향 바다 누비며

불면의 밤

빗장 지른 속 뜨락에 삼경이 뒤척인다
둑 터진 봇물처럼 요동치는 시간 속에
아득히 파도 소리만
환청으로 들린다

올곧게 걸어온 날 행간마다 심어 놓고
천명天命을 따르면서 소풍 왔다 가는 빈손
무얼 더 보태고 싶어
다툼 속에 빠지나

삶이란 미로 속에 얽혀있는 상형문자
바위가 천년 고통 삭여가며 서 있듯이
한사코 그리 살다가
하늘 품에 들리라

첫눈 2

태고의 언어들이
발레리나 몸짓으로

가난한 얘기 속으로
선물처럼 찾아와서

순결한
소망의 꽃을
포슬포슬 피운다

깨를 볶다 문득

통통하게 살 오르며
노릇노릇 볶이는 깨

엄마께 전수 받은
비법대로 열중할 때

싸락눈
사락대는 소리
울컥 솟다, 옛 생각

■ 평설

톺다, 열두 행간

—가족애와 자아 성찰의 발자취

구충회
(시조시인, 문학박사)

1. 여는 말

연송(娟松) 김은자(金恩慈) 시인의 시조집 『톺다, 열두 행간』의 상재(上梓)를 축하드립니다. 시인은 1998년 시조시인 시천(柴川) 유성규(柳聖圭) 박사의 추천으로 등단한 시조 문학계의 원로다. 그동안 모상철시조문학상 대상 등 여러 차례 수상한 바 있으며, 한국시조협회를 비롯한 많은 시조문학 단체에서 중추적 역할을 수행하고 있는 시인이다. 지금까지도 시조의 전문성을 갖추기 위하여 시조 아카데미에서 시조 창작에 열정을 쏟고 있을 뿐만 아니라, 후진 양성에도 심혈을 기울이고 있는 열혈 시조시인이다.

평북 정주가 고향인 시인은 일찍이 모스크바 국립음악원과 페델스부르그 국립음악원을 수료하고, 50여 년 동안 음악의 길을 걸어온 피아니스트다. 그뿐만 아니라, 무용에도 조예가 깊은 분이니, 김은자 시인은 음악과 무용을 겸비한 시조시인임이 분명하다. 이처럼 다양한 재주와 경륜이 시조 창작에 어떠한 영향을 줄지 귀추가 주목된다.

세계는 지금 AI에 사활을 걸고 치열한 경쟁을 벌이고 있다. 우리나라도 IT 강국을 넘어서 세계 3위의 AI 강국으로 발돋움하고 있는 터이다. 올해 벽두 한글로 쓴 우리 시조가 세계인의 언어 예술적 가치를 인정받아 달나라로 갔다. 미국 플로리다에서 발사된 달착륙선 '블루 고스트(Blue Ghost)'를 타고 45일간의 비행 끝에 달나라에 안착한 것이다. 이는 시조 역사 700여 년 만에 이룬 쾌거다. 이러한 시점에서 우리 시조시인도 시대에 걸맞은 변화의 길을 모색하지 않으면 아니 될 과제를 안게 되었다. 유데미(Udemy)를 통하여 인공지능 역량 인증 1급 자격과정을 밟고 있는 필자는 그 첫 번째 당면 과제가 피 한 방울 나지 않는 AI와 따뜻한 피가 흐르는 인간이 어떤 상호 관계를 유지하면서 문학작품을 창작을 할 수 있느냐의 문제다. 이는 인간이 AI를 지배하느냐, 아니면 지배를 당하느냐의 심각한 기로에 봉착할 수 있기 때문이다. 요즘 간간이 보도되고 있는 유명 대학의 비대면 시험에서 나타나는 부정행위는 이를 시사하고 있는 한 예라 할 것이다.

시조는 따뜻한 피가 흐르는 영혼의 산물이다. 관련 정보에 대하여는 AI의 도움을 받을지언정, AI에 전적으로 의존한다면, 영혼 없는 시조로 전락되거나 표절의 위험까지도 초래할 수 있을 것이다. 이는 시인이 피해야 할 기본자세이

자 양심의 문제다. 공자가 『시경』과 『논어』의 팔일(八佾) 편에서 지적했듯이 시는 바로 '사무사(思無邪)' 그 자체이기 때문이다. '사무사'란 생각에 사특함이 없어야 한다는 말이다.

다음은 이 시대에 현대시조가 어떠한 방향으로 나아갈 것인가의 문제다. 현대시조는 '3장 6구 12소절'이라는 '형식적 틀'에 '현대성'을 담아내야 하는 필연성을 강조하고 있다. 따라서, 감상적 상상력보다는 논리적 상상력이 요구된다고 하겠다. 다시 말하면, 낭만적 '가슴의 시'보다는 주지적 '머리의 시'가 요구된다는 말이다. 우리 시조시인은 이러한 점에 인식을 함께하고, 현대사회에 부응하는 '현대성'을 살리기 위하여 환골탈태(換骨奪胎)하려는 의지와 노력이 요청된다고 하겠다. 이러한 실천이 현대시조의 위상을 높이고 장르적 정체성을 확보할 수 있는 길이 되기 때문이다.

2. 김은자 시조의 특징

김은자 시인의 시조집에 실린 100편의 시조를 찬찬히 살펴보았다. 형식 면에서 볼 때, 김 시인은 단시조보다 연시조를 선호하는 경향을 발견할 수가 있다. 100편의 작품 중 연시조가 55편이고, 단시조가 45편이기 때문이다. 또한, 연시조 55편 중에도 2수로 된 연시조가 40편에 이르고 있으니, 이는 연시조 전체 55편의 72.7%를 상회하고 있는 셈이다. 이는 어디까지나 작가의 재량에 속한 문제일 수도 있겠으나, 시조의 정체성이나 본질 면에서 볼 때, 한번 생각해 볼 필요성이 있다고 생각한다. 시조의 원형은 기·승·결 '3장(章)'의 단시조라는 점을 필자는 강조하고 싶은 거다.

내용 면에서 보면, 가족애, 향수(鄕愁), 추억(追憶), 자아 성찰, 계절의 감각, 자연 서정, 기행 여정(旅情) 등으로 대별할 수가 있다. 이는 현대시조가 소재와 주제의 다양성을 요구한다는 점에서 매우 고무적인 특징이 아닐 수 없다. 이 가운데 가장 눈에 띄는 점은 가족애와 향수다. 김은자 시인의 출생지는 평안북도 정주다. 유년 시절 어머니의 등에 업혀 사선(死線)을 넘어온 이산가족이기에 그의 가슴속에 내재한, 가족에 대한 사랑과 고향에 대한 그리움은 누구보다도 각별하다.

김은자 시인의 작품을 보면, 날카로운 시적 감각과 전광석화(電光石火)처럼 번득이는 재기를 작품 곳곳에서 눈에 띄는 기쁨을 맛볼 수 있다. 이는 음악에서 비롯된 감성과 무용으로 촉발된 순발력의 소산이 아닌가 싶다. 이러한 요소들은 모두 시조의 질적 수준을 한껏 높이는 데 결정적인 요소가 될 수 있기에 매우 반가운 일이 아닐 수 없다.

다음은 위의 내용에 따라 인용된 작품들을 살펴보기로 한다.

(1) 가족애

김은자 시인의 가족사랑은 남다르다. 해방 직후 서너 살

어린 나이로 어머니의 등에 업혀 사선(死線)을 넘어왔기 때문이다. 시인의 남편과 자녀에 대한 사랑은 누구보다도 지극하고 각별하다. 다음 인용 작품을 통하여 그 실상을 확인하기로 한다.

> 철책 따라 서치라이트 구석구석 훑으면
> 정적을 찢을 듯이 울부짖던 꼬마에게
> 숨죽여 천지 만물도 빌어주던 순간이다
>
> 감시 속 생사 길엔 안내자가 구세준데
> 수고비만 건네받고 세 모녀는 버려졌다
> 강 건너 푸른 십자가 나침판이 되었네
>
> 동살이 잡힐 무렵 첫발 디딘 자유의 땅
> 어금니 꽉 깨물고 삶의 탑을 쌓으신 임
> 어머니 월남 실화를 듣다 졸다 잠든다
>
> —「사선(死線)을 넘어서」

사선을 넘어 자유를 찾은 실화를 어머니로부터 전해 듣고 작품화한 유년의 트라우마(trauma)다. 첫째 수는 절체절명의 위기와 어머니의 가슴 조이는 절박한 순간을 실감 나게 표현하고 있다. 둘째 수는 탈북과정의 서사적 담론이다. 셋째 수는 자유를 찾은 어머니의 고통스러운 생존 과정이다. 가슴 아픈 남북 분단의 현실을 고발한 서정시다.

> 아기 같은 내 반쪽을 수술대에 뉘어 놓고
> 초침 소리 바작바작 애가 타고 피가 마른다

하나님, 함께하소서 내 남편을 구하소서!

—「함께하소서」

"아기 같은 반쪽"이라니, 부군(夫君)에 대한 애정이 어느 정도인지 짐작할 수 있는 대목이다. 수술대에 눕혀 놓고 들리는 초침 소리조차 "바작바작" 애가 타고 피가 마를 정도니, 아내의 절박한 심정을 헤아릴 수 있다. 남편의 수술이 무사하기를 절대자에게 비는 아내의 마음이 측은하고 애처롭다.

풀칠할 일당 몇 푼 움켜쥔 귀갓길에
하늘 향해 맘껏 솟은 나뭇가지 그 사이로
나른히 비낀 석양이 처진 어깨 토닥인다

건널목 맞은편서 까치발로 기다리다
달려온 피붙이가 "엄마"하고 안겨들면
한순간 녹아내린다 맞벌이의 모든 시름

이상과 현실 사인 모순 속 늪이라도
앞날을 인도해 줄 하늘은 네 편이다
아가야, 꿈을 향해서 날개 활짝 펼치렴

—「살아갈 이유」

김은자 시인은 2남 1녀를 성공시킨 어머니다. 자유를 찾았으나 삶은 "일당 몇 푼 움켜"쥘 정도로 녹록지 않았나 보다. 맞벌이 부부의 생활이 아무리 고달파도 "건널목 맞은편에서 까치발로 기다리다 달려온 피붙이가 '엄마'하고 안겨 들면", 모든 시름이 한순간에 녹아내리는 어머니다. 자식은 엄마에게 희망이요, "살아가야 할 이유"다. 애련미가 돋보이는 서정시다.

세상일 잠시 접고 죽 향에 이끌린 채
골물소리 벗 삼으며 타박타박 걷노라면
유난히 깜빡이는 별 손짓하는 어머니

—「어슬녘 숲에 들면」

어머니는 탄생의 탯줄이자 마음의 고향이다. 더구나 어린 시절 등에 업혀 자유를 찾아준 어머니에 대한 사랑은 누구보다도 곡진하다. 사선을 넘어 어려운 시절을 극복하면서 오늘을 있게 해 준 분이기에 더욱 그렇다. 시인에게 어머니는 이 세상 무엇보다도 소중하기에 결코 잊을 수 없는 존재다.

초록 옷 훌훌 벗은 가을 숲에 들어서면
어디선가 들리는 듯 귀에 익은 웃음소리
눈 맞춰 옹알이하던 네 생각에 울컥한다

제 깃 떠나 이역에서 의술의 꽃 피우고자
작별의 뒷모습을 보여주기 싫다면서
마주해 뒷걸음질로 가물가물 멀어진 너

온갖 역경 딛고 올라 하얀 가운 날리면서
골찬 꿈 펼쳐가는 그 하늘도 푸르겠지
다 떠난 둥지 지키며 지등 하나 밝힌다

—「멀리엔 살점 하나」

이 작품의 제목인 '멀리엔 살점 하나'는 미국에서 의사 생활을 하는 막내아들을 말한다. 첫째 수는 아들이 떠난 가을이 오면, 그의 유년 시절을 떠올리고 있는 어머니의 모습이다. 둘째 수는 의술을 배우기 위해 집을 떠날 때의 아들 모습이며, 셋째 수는 아들의 의업이 성공하기를 기원하는 어머니의 간절한 마음이다. 이를 대변하고 있는 상관물이 바로 지등(紙燈)이다.

(2) 향수(鄕愁)

앞의 '가족애'에서 이미 언급한 바와 같이 김은자 시인은 이북에 고향을 두고 온 월남 이산가족이다. 그래서 그의 고향에 대한 그리움은 매우 애틋하고 각별하다. 다음 인용 작품을 통하여 확인해 보기로 하자.

수평 끝 아스라이 물안개 짙어오면
옛 동산 뛰어놀던 친구들이 떠오르자
한 마리 목어가 된다 먼바다를 그리는

—「향수」

고향은 돌아가고 싶은 어머니의 품속이다. 기쁠 때나 슬플 때나 생각나는 게 고향이다. 종장에서 "한 마리 목어(木魚)"는 바로 시인 자신이며, "먼바다"는 두고 온 고향이다. 어릴 적 동산에서 함께 뛰어놀던 다정한 친구들을 잊지 못하고 있다. 시인의 고향에 대한 그리움이다.

> 추억 한쪽 베어 문 채 평행선을 내달려와
> 꽃 진자리 여백 끝에 연서 한 잎 피워 놓고
> 고향 집 툇마루 끝에 노을 되어 앉는다
>
> —「엇갈린 인연」

인연이란 우연 같지만 우연이 아닌 만남이다. 만남과 헤어짐 양면성을 가지고 있는 묘한 조합이 우연이다. "꽃 진자리 여백 끝에 연서 한 잎"은 맺지 못한 인연의 상징이다. 엇갈린 인연이 추억의 조각으로 향수를 불러일으키고 있다. 스쳐 간 눈빛 속에 머물 곳을 찾지 못한 마음 하나일 뿐, 닿지 못해 더욱 선명해진 인연이라 해두자. 애틋한 서정시다.

> 유년의 풍광들을 파랑으로 그리면서
> 강바람은 왜 물결을 내게로만 밀고 올까
> 고향 집 굴뚝 냇내를 갈피갈피 싣고서
>
> —「고향 집」

고향은 유년의 보금자리이며, 추억과 기억이 담긴 공간이다. 돌아갈 이유보다 돌아가면 따뜻해지는 곳이기도 하다. 자신이 자란 유년 시절의 고향 모습을 회상하고 있는 추억이다. "고향 집 굴뚝 냇내"란 이미지 표출이 이 작품의 절정을 이루고 있다.

> 잠 못 드는 하얀 밤 은하수가 쏟아진다

반딧불 따라잡던 북녘 동산 풀빛 추억
눈앞에 아른거린다 손 내밀면 잡힐 듯이

선로에 귀를 대면 기적소리 들리는 듯
고향 역 깊이 잠든 녹슨 철마 깨우고파
희끗한 갈대꽃 되어 망향가를 부른다

—「노스탤지어」

첫째 수 초장의 감각적인 표현과 중장의 '풀빛 추억'이란 이미지 창출이 신선하다. 은하수가 쏟아지는, 잠 못 드는 밤이면 "반딧불 따라잡던 북녘 동산 풀빛 추억"이 손에 잡힐 듯이 눈앞에 선하다. 둘째 수 초장 중장에서 절정에 이른 향수는 백발이 된 지금도 고향이 그리워 망향가를 부르고 있는 것이다. 분단으로 인한 실향민의 향수가 애처롭다.

푸르던 너의 잔해 한 마리 매미 허물
세월에 헐뜯겨서 넋을 잃고 나뒹구네
북녘엔 약산 진달래 물색없이 피고 지고

손잡고 사철 바람 고향하늘 오가는데
철없는 두루미 떼 평화로이 놀고 있네
다 삭은 목울대에선 헛바람만 울린다

—「녹슨 철마」

실향민의 눈물겨운 향수다. 남북을 오가던 기차의 잔해를 '매미 허물'로 비유했다. 분단이 낳은 처참한 현실이다. 이를 북녘의 '약산 진달래'와 대비시킨 점은 시인의 재기(才氣)다.

'사철 바람'도 '두루미 떼'도 자유로이 남북을 오가건만, 시인의 평화통일에 대한 염원은 70여 년의 세월이 지난 지금도 허망한 소리로 메아리칠 뿐, 아직도 요원하니 안타깝다.

(3) 자아 성찰

김은자 시인의 작품을 보면, "쌓은 업(業)을 돌아보라", "번뇌를 털어내란다", "지난날을 돌아보라", "버려라 모두 비워라" 등의 계시적인 명령어가 빈번함을 발견할 수가 있다. 이는 모두 시인이 지금까지 살아온 자신에 대한 생각, 감정, 행동 등을 돌아보고 이해하려는 자아성찰(自我省察)의 표출이 아닌가 싶다.

> 조용히 가을비가 촉촉이 내리는 밤
> 차곡차곡 쌓은 탑이 삿된 죄업뿐이라서
> 서둘러 선행 한그루 속 뜨락에 심는다
>
> —「창밖을 보며」

화자는 자신이 살아오면서 쌓아온 탑이 "삿된 죄업"뿐이라고 자책하고 있다. 지금까지 해온 말이나 행동, 생각 등이 바르지 못하고 그릇되었다는 양심선언이다. 이를 자각한 나머지 화자는 마침내 선행하면서 살기를 다짐하고 있는 것이다. '선행 한그루'는 화자의 '삿된 죄업'에 대한 보상심리다.

> 빗장 지른 뜨락에 삼경이 뒤척인다
> 둑 터진 봇물처럼 요동치는 시간 속에

아득히 파도 소리만 환청으로 들린다

올곧게 걸어온 날 행간마다 심어 놓고
천명을 따르면서 소풍 왔다 가는 빈손
무얼 더 보태고 싶어 다툼 속에 빠지나

삶이란 미로 속에 얽혀있는 상형문자
바위가 천년 고통 삭여가며 서 있듯이
내 한생 그리 살다가 하늘 품에 들리라

—「불면의 밤」

첫째 수는 삼경이 되도록 잠들지 못하는 화자의 모습이다. 온갖 잡다한 사념들이 꼬리를 물고 생각나기 때문이다. 둘째 수는 지금까지 살아온 지난날을 되돌아보며, 순명과 인생의 유한성을 성찰하고, 안분지족을 추구하는 담론이다. 셋째 수에서 삶이란 복잡한 미로 속에서 출구를 찾아 헤매는 과정이다. 여생을 바위처럼 고통을 감내하면서 살다가 죽겠다는 화자의 의지가 확인된다.

온 둘레 칠흑 같아 헤어날 길 막막한데
피폐해진 육신이라 호흡마저 꺼져간다
의식도 몽롱해져서 혼수 깊이 빠져들고

피안인가 차안인가 섬광이 번뜩하며
하늘 찢는 천둥소리 "쌓은 업을 돌아보라"
얼결에 걷어찬 이불 달빛 화살 부시다

—「병상의 꿈」

첫째 수는 의식이 몽롱하고 혼수상태에 빠진 화자의 극한 상황을 기술한 서사적 담론이다. 둘째 수는 이 세상인지 저 세상인지 구분 못 할 혼몽 속에서 꿈을 꾸면서 "쌓은 업을 돌아보라"는 뜨끔한 계시를 받는다. 이는 화자가 지나온 과거를 반성하고 깨달은 촌철살인이다.

고요한 겨울 산사 시간마저 멈춰 서면
홀연히 법고 소리 골짜기에 울려온다
조화 속 채운 한 조각 윤회하듯 떠돌고

손 붉은 저 동자승 들먹이는 좁은 어깨
목어도 따라 울며 고향 바다 그리는데
번뇌를 털어내란다 산마루 노을처럼

—「선운사에서」

시인은 추운 겨울 천년고찰 선운사를 찾은 모양이다. 첫째 수는 골짜기에 울려 퍼지는 법고 소리와 대조시켜 선운사의 정적미를 배가시키고 있다. 둘째 수의 초장 "손 붉은 저 동자승 들먹이는 좁은 어깨"란 시인의 시선이 기발하다. "목어도 따라 울며 고향 바다 그리는데" 부모·형제와 헤어진 어린 동자승의 부모와 고향에 대한 그리움이 오죽하랴! 손이 언 동자승의 '붉은 손'과 들먹이는 '좁은 어깨'가 애련미를 더해주고 있다.

야상곡 한줄기가 심혼을 깨워줄 때
온종일 떠돌아도 맞울림 못한 채로

메아리 귀띔을 한다 "지난날을 돌아보라"

정지란 움직임의 또 다른 얼굴이다
존재의 덧없음도 불가항력 죽음까지
삶 내내 풀기 어렵다 삶이란 암호 하나

가뭇한 시공 저편 못다 채운 행간에서
날 닮은 실루엣이 외로움에 젖어 들면
별똥별 포물선 그리며 최후의 빛 뿌리네

—「톺다, 열두 행간」

김은자 시인은 피아니스트다. 첫째 수는 밤의 정서, 고요함, 사색적 분위기를 자아내는 야상곡을 들으면서 하루를 되돌아본다. 결국 시인에게 메아리처럼 돌아온 것은 "지난날을 돌아보라"는 충격적인 메시지다. 이는 남이 아닌 바로 시인 자신의 자각이다. 둘째 수는 삶과 죽음에서부터 '삶이란 무엇인가'라는 근본적인 물음에 대한 시인의 깊은 성찰이다. 셋째 수는 인생의 끝자락에서 자각한 시인의 의지다.

고깔 위 장삼 자락 나붓나붓 날려가며
절로 겨운 어깨춤을 혼불로 엮어내면
샛강에 비낀 석양이 추임새로 흥 돋운다

굿거리, 타령장단에 한 풀어 빙글 돌면
지그시 깔린 눈빛 촉촉이 젖어들고
북소리 산마루치고 메아리로 돌아온다

파르라니 내린 달빛 내 춤사위 엿보는데
산사의 독경 소리 적막 뚫고 호통친다
"버려라 모두 비워라 빈손으로 갈 것을"

—「승무에 취하다」

시인은 앞서 '무용가의 꿈'을 이루지 못한 미련을 토로한 바가 있다. 시인이 가장 관심 있는 춤이 '승무'라고 말한 적도 있다. 첫째 수는 승무의 흥겨움이고, 둘째 수는 무희의 모습과 북소리의 울림이며, 셋째 수는 승무가 주는 가르침이다. 욕망을 버려라, 집착에서 벗어나라, 인생이란 공수래공수거가 아니더냐? 이 작품의 주제다.

(4) **추억(追憶)**

노인은 과거로 살고 젊은이는 미래로 산다. 삶의 시선이 다르기 때문이다. 노인은 "어떻게 살아왔는가"를, 젊은이는 "어떻게 살아갈 것인가"를 삶의 중심에 둔다. 미수를 앞둔 김은자 시인 역시 이와 다를 바 없을 것이다. 인용 작품을 통하여 이를 살펴보기로 한다.

꽃반지 엮어가며 신랑각시 기약했지
뼛속 깊이 묻어둔 채 지울 수 없는 이름
하현달 이울어가네, 소쩍새도 목이 쉬고.

—「그리다 그리다가」 두 수 중 첫째 수

두 분이 "꽃반지 엮어가며 신랑각시 기약"을 한지 숱한 세월이 흘렀다. 뼛속 깊이 간직한 이름은 이제 지울 수 없는 문신이 되고 말았다. 한평생 삶의 여정을 함께하다 보니, 하현달도 이울어가고 목이 쉰 소쩍새의 신세가 된 것이다. 인생이란 '허무'를 연출하는 순명의 여정인 걸 어쩌랴! 애련미가 돋보이는 서정시다.

> 한껏 부푼 학창 시절 재깔대며 모여 앉아
> 황금종 울려보자 깍지 걸고 다짐했다
> 눈씨로 당긴 살촉은 꿈의 정곡 찌르려나
>
> 푯대 끝 목표 향해 녹록잖은 현실 뚫고
> 샛별을 등대 삼아 노(櫓) 저어 이룬 꽃밭
> 황혼이 짙은 언덕에 종소리가 꽂힌다
>
> ―「캠퍼스 잔디에서」

인생 여정의 표출이다. 첫째 수는 꿈 많던 학창 시절 무지갯빛 추억이다. 둘째 수는 녹록지 않은 현실을 헤쳐 꾸려온 가정과 인생의 끝자락에서 되돌아본 감회다. "이상"과 "현실"을 대비시킴으로써 인생은 '꿈'이 아닌 '현실'이라는 점을 암시하고 있다. "인생은 고해"란 말을 떠올리는 작품이다.

> 가을을 좋아하던 그 사람 생각이 나
> 스산한 갈바람에 머리카락 휘날리며
> 호젓한 호반을 찾아 앳된 날을 되짚는다

함께 했던 벤치에서 깊은 하늘 바라보며
안타깝던 숱한 시간 덧없음을 삭이는데
자연은 입을 닫은 채 너른 품을 펼쳐준다

—「청평호에서」

지난 시절 청평호에서 "그 사람"과 사랑을 속삭이던 "옛된 날"의 추억담이다. 미수를 바라보는 나이에 젊은 시절 "함께 했던 벤치에서 깊은 하늘 바라보며 안타깝던 숱한 시간 덧없음"을 삭이고 있으니, 격세지감을 느끼지 않을 수 없다. 인간사 희로애락을 품어주는 자연은 언제나 바위처럼 말이 없는 품이다.

석양 내린 산사에서 꽃차 향에 젖어 들면
잔 가득 찰랑대는 골물소리 풍경소리
옛 생각 풍선이 되어 허공 높이 떠오른다

하이힐의 굽 높이가 인격의 잣대인 양
우쭐대며 폼만 잡다 삐끗하고 샛길로 와
무대 위 장구춤 추는 환영 속 나를 본다

다 접은 줄 알았는데 채 못 떠난 미련이라
한소끔 열병 앓듯 끓어대는 이 자책감
꿈이란 깊이 묻어도 새싹처럼 또 돋는 거

—「무용가의 꿈」

김은자 시인은 예술 감각이 뛰어난 작가이다. 피아노와 무용, 시조에 일가견을 가지고 있으니 말이다. 이 작품의 주제는 이루지 못한 '무용가의 꿈'에 대한 미련이라 볼 수 있다. 첫째 수는 석양 내린 저물녘 호젓한 산사를 찾아 차를 마시면서 지난날을 회상하는 서술이다. 둘째 수는 지난 시절 장구춤을 추던 환영(幻影) 속에서 현재의 자신을 본다. "우쭐대며 폼만 잡다 삐끗하고 샛길로 와"란 재치 있는 표현이 해학적이다. 셋째 수는 이루지 못한 꿈에 대한 자책감이다.

(5) 계절의 감각

한국은 온대 계절풍 기후 지역으로, 봄·여름·가을·겨울의 기후변화가 뚜렷하게 구분되는 나라에 속한다. 계절의 바뀜에 따른 생태환경 역시 변화하기 때문에 계절마다 느끼는 감각도 다르다. 김은자 시인은 계절에 느끼는 감각을 어떻게 시적으로 변용시키고 있는지, 인용 작품을 통하여 살펴보기로 한다.

> 카모마일 향에 취해 꽃차 한잔 마주하면
> 단풍 든 잎새마다 신의 숨결 느껴진다
> 이 가을 더 깊어지면 내 삶 곱게 익을까
>
> —「이 계절, 음미하다」

시인은 은은하고 부드러운 향을 가진 카모마일 허브차를 마시며, 가을을 음미하고 있다. "단풍 든 잎새마다 신의 숨결"이 느껴진다니, 시적 대상을 바라보는 시인의 시선이 감각적이다. "이 가을 더 깊어지면 내 삶 곱게 익을까"에서는 단풍처럼 곱게 늙어가고 싶은 시인의 간절한 소망을 엿볼 수 있다. 카모마일 차향처럼 은은한 서정시다.

안개 낀 창밖으로 기도처럼 오는 봄비
자욱한 적막 속에 심상은 더 맑은데
채워도 허전한 시전(詩田)에 꽃씨 한 톨 눈 뜬다

수줍은 말간 얼굴 갸웃이 내어 밀고
연둣빛 옹알이가 보슬보슬 젖는 오후
이런 날 삼매(三昧)에 들면 월척 한 수 건지려나

—「봄 예찬」

감각적인 서정시다. 첫째 수 초장의 "기도처럼 오는 봄비"가 그렇다. 봄비 오는 소리에 차분히 마음이 가라앉고 심상이 맑아 오자, 시인은 허전한 마음을 메꾸기 위해 시작(時作)의 의욕이 생기고 있는 것이다. 중장과 종장이 이를 대변하고 있다. 둘째 수는 시조 삼매경에 빠진 시인의 열망이다. 걸출한 시조 한 수를 짓고 싶은 시인의 마음이 절실하다.

열대야 하얀 밤에 열창하던 매미 울음
가을빛 여물 즈음 슬그머니 잦아들면
올해는 풍년이란다 넘실대는 벼 이삭

—「땡볕, 그 후」

초장의 시적 변용이 예사롭지 않다. "열대야 하얀 밤"이라니, 역설의 미학이다. 열대야가 너무 더워 하얗게 밤을 지새운 주체는 매미지만, 실상은 바로 시인 자신일 터이다. 종장의 표현 또한 맛깔스럽다. 도치법의 활용이 풍년을 바라는 시인의 마음을 배가시키고 있기 때문이다.

오동잎 동동 떴네 가을 뜨락 석련지에
달빛이 보드라워 긴 연서를 쓰는 이 밤
어디서 소쩍새 울어 야윈 가슴 설레네

—「설레다」

연못(석련지)에 오동잎이 동동 떠 있는 가을밤, 달빛 또한 보드라우니, 사랑하는 이에게 연서라도 쓰고 싶은 심정이다. 여기에 소쩍새까지 울어대고 있다. 시인의 가슴이 설렐 수밖에 없다. "오동잎 동동 떴네"에서 동음이의어(同音異意語)의 효과나, 소쩍새 울음, '메마른 가슴' 대신 "야윈 가슴"의 표현이 서정의 극치를 이루고 있다.

은밀한 하늘 얘기 올올이 풀어내며
배꽃처럼 흩날린다 천사의 옷깃인가
먼데 임 올 것만 같아 사립문에 귀를 연다

—「첫눈 1」

첫눈이 오는 날은 누구나 마음이 설렌다. 연인을 만나고 싶고, 친구도 만나고 싶고. 때론, 생각지 않은 지인(知人)이 찾아올 것만 같다. 그래서 필자는 '첫눈'을 "은유로 찾아오는 느낌표"라고 표현한 적이 있다. 화자는 첫눈이 내리는 모습을 "은밀한 하늘 얘기 올올이" 풀어내는 것이라 표현했다.

먼 데서 찾아올 것만 같아 "사립문에 귀를 연다"란 표현이 압권이다.

(6) 자연 서정

자연 서정은 자연을 소재로 화자의 감정과 정서를 표현하는 문학적 경향을 말한다. 인간이 자연과 대립하는 삶을 살아가간다고 생각하지 않고 자연처럼 살아가거나, 자연과 한데 어울려 틈 없는 경지(天人合一)를 꿈꾸며 살아가는 것은 성리학적 지식인들의 청빈하고 검약한 생활방식과 무관하지 않다.

무슨 일 있는가 봐 검푸른 심해 속에
천지가 뒤집힐 듯 거친 풍랑 몰아치다
한 찰나 치솟아 오른다, 핏물 같은 저 불덩이!

—「일출」

바람 부는 여명 끝 이른 아침, 검푸른 바닷속에서 솟아오르는 일출의 장엄한 모습을 스케치한 절창이다. 일출의 배경 묘사가 생생하고 역동적이다. 마침내 종장에 와서 활화산이 폭발하듯 "핏물 같은 저 불덩이"가 치솟는다. 비유와 상징, 색채 이미지 등 다양한 수사법을 통한 시적 변용이 시선을 모은다.

볼 붉은 산골 처녀 가슴 뛰는 어느 봄날
보슬비가 유혹하듯 바람기를 흩뿌리면

화들짝 꽃망울들이 폭죽 튀듯 터진다

—「자목련」

시조의 멋과 맛을 한껏 발휘한 수작(秀作)이다. "볼 붉은 산골 처녀 가슴 뛰는 어느 봄날"이란 공간과 시간을 동시에 표출한 배경 설정이다. "볼 붉은 산골 처녀"는 순진무구한 산촌의 앳된 소녀의 다른 이름이다. 전구와 후구의 균형미와 율동미가 일품이다. 여기에 "보슬비가 유혹하듯 바람기를 흩뿌리면" "꽃망울이 폭죽 튀듯 터진다"라고 했으니, 중장과 종장의 '인과관계'에 주목할 필요가 있다. 현대시조는 감상적 상상력보다는 논리적 상상력이 요구되기 때문이다.

고요가 너무 깊어 잠 못 들고 뒤척이면
왜 뜨락은 저리 밝아 외로움을 불러오나
못 지운 그 이름일랑 은하 강에 띄우리

—「달밤」

잠 못 들어 뒤척이는 불면의 밤이다. 뜨락의 달빛마저 휘영청 밝으니, 왠지 모를 외로움을 자아내고 있다. 미수를 바라보는 시인은 아직도 가슴 속에 지우지 못한 이름이 있나 보다. 그리운 이를 잊으려는 여인의 몸부림이 역력하다. 한 편의 달빛 세레나데다.

수렁 같은 고통에서 헤어날 길 막막한 날
빗줄기 속 뛰어들어 삶의 풍상 되새기면
하늘이 호통을 친다, 벙근 풀꽃 보라며.

현絃이 된 빗줄기가 합주하는 외진 길섶
갈증에 시달리던 잡초들이 생기 얻듯
나 또한 활력을 받아 이정표를 세운다

—「자연에서 배우다」

자연은 인간의 스승이자 상호의존적 관계이다. 그래서 인간은 자연 없이 존재할 수가 없다. 자연에 대한 경외와 '자연보호'의 필요성은 바로 여기에 기인하는 것이다. 풀꽃의 강인한 생명력→새로운 삶에 대한 화자의 의욕으로 이어지는 연시조다. 지구온난화의 위기가 절박한 시점에서 매우 의미 있는 작품이라 하겠다.

(7) 기행 여정(餘情)

견문을 넓히는데 여행만큼 좋은 것이 어디 있으랴. 다른 세계와 마주치다 보면, 시야가 넓어지고 이해의 폭이 확장되기 때문이다. 여행을 하고 나면 마음속에는 지워지지 않는 여운이 남기 마련이다. 일상화된 습관에서 벗어나 새로운 감각과 감동을 하기도 하고, 낯선 체험은 자기 자신을 다시 만나는 계기가 되기도 한다. "인간은 아는 만큼 느낄 뿐이며, 느낀 만큼 보인다"라고 했다. 이런 면에서 볼 때 시인에게 여행은 매우 중요한 행위라 하겠다.

눈꽃이 춤을 추며 허공을 맴돌다가
애기동백 붉은 뺨에 사뿐히 내려앉네
하늘 별 은밀한 이야기 귓속말로 소곤대며

—「동백섬 소묘」

눈 내리는 동백섬을 스케치한 서정시다. 화자의 시심(詩心)이 하도 맑고 앙증맞으니, 이는 분명 순진무구한 동심의 세계다. 초장·중장·종장의 표현이 이를 방증하고 있다. 눈꽃이 "애기동백 붉은 뺨에 사뿐히 내려앉네"란 표현은 얼마나 동시적이고 감각적인 표현인가.

엄마 품 그리다가 서러움이 복받친다
동자승의 꽁꽁 언 손 녹여주는 볕뉘 한 올
야속한 겨울바람은 풍경마저 울려놓고

수려한 겨울 풍광 펼쳐진 산사 둘레
지금 막 붓을 뗀 듯 촉촉한 화폭 위로
폭포수 구르는 소리 금강경에 잠긴다

—「부석사에서」

영주 부석사는 신라 문무왕 16년(676) 해동 화엄종의 종조인 의상대사가 왕명으로 창건한 고찰이다. 이 절의 무량수전(국보 18호)은 우리나라 최고의 목조건물 중 하나이며, 부석사 경내 조사당(祖師堂) 벽에 그려진 '조사당벽화'는 국보 46호로, 불교 미술사에서 매우 중요한 의미를 지닌 작품이다. 첫째 수는 엄마 품을 그리워하는 동자승의 서러움을 추운 겨울바람과 대비시켜 표현하고 있으며, 둘째 수는 '조사당벽화'를 감상한 내용이다. 중장과 종장의 "지금 막 붓을 뗀 듯 촉촉한 화폭 위로 폭포수 구르는 소리 금강경에 잠긴다"라는 실감 나는 표현이 압권이다. 시인의 재기와 내공을 짐작할 수 있는 작품이다.

> 깊어가는 실어증에 무료를 깔고 앉아
> 희멀건 눈망울로 잿빛 하늘 응시한다
> 까치는 빗속에 앉아 지켜보다 가버리고
>
> 세월의 벼랑 끝엔 갈채 속 곱던 얼굴
> 레테강 앞에 서서 하루를 의탁한 채
> 영육은 폐선 한 채라 찬바람만 들락인다
>
> —「요양원의 해넘이」

한국에서 요양원이란 '죽음'이라는 종점에 도착하기 전에 잠시 들렀다 가는 간이역이다. 첫째 수는 아무도 찾지 않는 요양원의 고적한 정경과 입원한 노인의 무료한 생활을 묘사하고 있다. 둘째 수 역시 죽음을 앞두고 하루하루를 넘기는 노인들의 쓸쓸한 자화상이다. 레테 강(Lethe)은 그리스 신화에 나오는 '망각의 강'이다. 이 작품에서는 '죽음'을 상징한다 해도 무방할 듯하다.

3. 맺는말

김은자 시조의 내용을 살펴보면, 가족애, 향수(鄕愁), 추억

(追憶), 자아 성찰, 계절 감각, 자연 서정, 기행 여정(旅情) 등으로 구별할 수가 있다. 이는 현대시조가 소재와 주제의 다양성을 요구하고 있다는 점에서 고무적인 일이 아닐 수 없다. 현대사회는 자유로운 개방사회다. 개성적인 독자의 다양한 욕구를 수용하자면, 시조의 소재와 주제가 다양해야 하기 때문이다. 이 가운데 가장 눈에 띄는 점은 가족애와 향수다. 김은자 시인이 태어난 곳은 평안북도 정주다. 서너 살 어린 나이로 어머니의 등에 업혀 사선을 넘어 자유의 땅을 밟은 실향민이다. 비록 어린 나이 때의 일이긴 하지만, 당시의 엄청난 충격은 어른이 된 지금까지도 트라우마로 남아 시인을 괴롭히고 있는 터이다. 이러한 사실은 그의 시조 「사선(死線)을 넘어」가 생생하게 증언하고 있다.

그뿐만 아니라, 시인의 시적 자아는 매우 치열하다. 인용 작품을 살펴보면, 작품마다 "쌓은 업(業)을 돌아보라", "번뇌를 털어내란다", "지난날을 돌아보라", "버려라 모두 비워라" 등의 자각적이며, 계시적인 구절이 빈번함을 발견할 수가 있다. 이는 모두 시인이 지금까지 긴 세월을 살아오면서 자신에 대한 생각, 감정, 행동 등을 되돌아보고 각성하려는 자아성찰(自我省察)의 결과라 생각된다.

김은자 시인의 작품을 보면, 날카로운 시적 감각과 전광석화(電光石火) 같이 번득이는 재기를 작품 곳곳에서 발견될 때가 있다. 이는 50여 년간의 음악 생활에서 비롯된 감성과 무용에서 촉발된 순발력의 성과가 아닐까 싶다. 이러한 요소들은 모두 현대시조의 질적 수준을 한껏 높이는데 중요한 요소가 될 수 있기에 매우 의미 있는 일이라 생각한다. 필자는 여기에 "저급한 시는 설명하고, 뛰어난 시는 침묵하며, 위대한 시는 영감을 준다"는 시의 에피그램(epigram)을 덧붙이고 싶다. 앞으로 김은자 시인께서 독자에게 영감을 줄 수 있는 시조를 탄생시켜 주리라 확신한다. 다만, 시조의 원형과 본질에 대한 이해, 적확한 시어(詩語)의 선택과 조탁(彫琢)으로 시조 미학을 창출하는 일은 김 시인의 묵중(默重)한 과제로 남는다.

끝으로, 연송(娟松) 김은자(金恩慈) 시인께서 미수를 바라보는 연세에도 불구하고, 은빛 고운 시심으로 제4 시조집 『톺다, 열두 행간』을 상재하심에 기쁜 마음으로 찬사와 경의를 표하며, 삼가 기린다.

톺다, 열두 행간

1판 1쇄 발행 2026년 1월 25일

지은이 | 김 은 자
펴낸곳 | 열린출판
등록 | 제 307-2019-14호
주소 | 경기도 고양시 덕양구 권율대로 656, 1401
전화 | 02-6953-0442
팩스 | 02-6455-5795
전자우편 | open2019@daum.net
디자인 | SEED디자인
인쇄 | 삼양프로세스

ISBN 979-11-24225-02-8 03810

*책값은 뒤표지에 표시되어 있습니다.
*저자와 협의하여 인지를 생략합니다.